साम्राज्य भाग 1

गौरव सिंह पटेल

मेरी पूज्यनीय दादी जी

स्व . श्री मती कुंवर बाई

मेरे पूज्यनीय दादा जी

स्व . श्री परशुराम निरंजन

क्रम-सूची

प्रस्तावना

इस किताब का वास्तविक इतिहास से कोई लेना देना नहीं है | इस किताब में जो कहानी लिखी गई है ,वो बिल्कुल काल्पनिक है, और सभी पात्र काल्पनिक है | इस किताब में एक कहानी लिखी गई है कि कैसे एक छोटा सा साम्राज्य का सेनापति अपने से बड़े 7 साम्राज्यों से युद्ध करता है और पुराने ज़माने में लोग एक दूसरे का साम्राज्य पाने के लिए क्या - क्या षड्यंत्र किया करते थे |

1
साम्राज्य

यह कहानी है एक भारत के एक राजा के सेनापति की जो की अकेले ही अपने से बड़े व शक्तिशाली7 पड़ोसी साम्राज्य से बड़ी बहादुरी से लड़ा | एक उत्तर भारत में पुष्पक साम्राज्य का राजा था जो अब भारत के उत्तर भाग के जिला जालौन ,, झाँसी ,, बाँदा ,, हमीरपुर में पड़ता है | उसका राजा था अश्वनी कुमार वह अपने अगल बगल के साम्राज्य का सबसे कम शक्तिशाली राजा था उसका साम्राज्य अपने अगल बगल के 7 साम्राज्यों में सबसे छोटा साम्राज्य था | राजा अश्वनी कुमार की पत्नी का नाम था यशोदा व उसका एक पुत्र था जिसका नाम शशवा था | उसी साम्राज्य में एक शेननायक नाम का सेनापति था जो बड़ा ही वीर व दानी था|

वह तीरंदाजी में इतना कुशल था की आँख बंद करके एक साथ 5 लक्ष्यों को भेद सकता था व तलवार बाजी में उससे कुशल योद्धा पूरे साम्राज्य में नहीं था परन्तु आज तक उसने एक भी युद्ध नहीं लडे थे |

शेननायक के गुरु का नाम था पद्मशें जो की बड़े ही चतुर थे उनकी कूटनीति युद्धनीति बड़ी उच्च कोटि की थी उस पुष्पक साम्राज्य में उनका बड़ा ही सम्मान था परन्तु उन्होंने ने भी राज के लिए कार्य करने से मना कर दिया था परन्तु वहां के

राजा अश्वनी कुमार उन्हें आज भी उतना ही सम्मान देते है | वे सभी शांति से अपने जीवन का यापन कर रह थे ,, परन्तु उन्हें इस बात का बिल्कुल भी आभास नहीं था की उनका जीवन पूर्णतः से परिवर्तित होने बाला है |

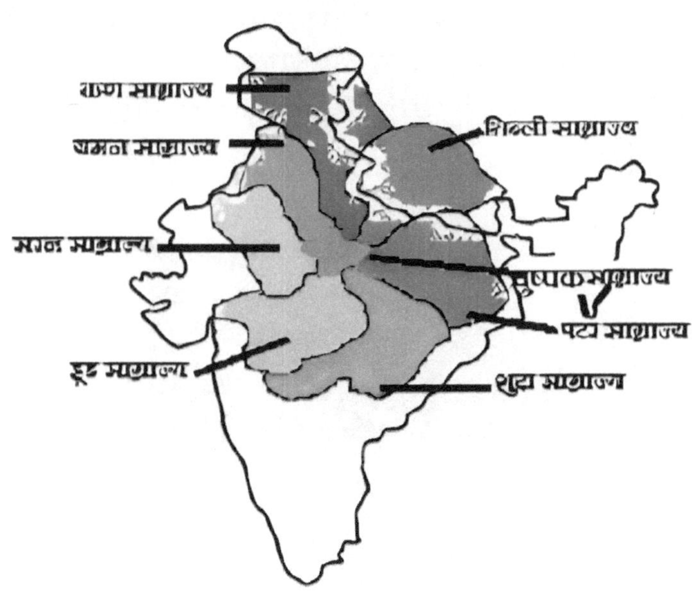

क्रमशः ये 7 साम्राज्य निम्न थे

1.कर् साम्राज्य 2.तिब्ली साम्राज्य 3.यमन साम्राज्य 4.सरन साम्राज्य 5.हूड साम्राज्य 6.पटर साम्राज्य 7.शुद्रा साम्राज्य इसमें से सबसे बड़ा व शक्तिशाली साम्राज्य शुद्रा साम्राज्य था यहाँ का राजा था अद्दन था जो अपने पिता का सबसे छोटा पुत्र था वह बड़ा ही क्रूर व देखने में बड़ा कुरूप बड़े कद का जो की अपने 4 भाइयों की हत्या कर राजगद्दी पर बैठा था| आप उसकी क्रूरता का अंदाजा इस बात से लगा सकते है की जब उसने अपने सगे 4 भाइयों की हत्या कर दी तो उसके पिता ने उससे दुखी होकर अपने भतीजे पपदर को अपना उत्तराधिकारी करने की घोषणा की तो अद्दर ने भरी सभा में अपने चचेरे भाई के गले में चाकू भोंकिर हत्या कर दी |

और अपनी खुद की एक सेना की टुकड़ी से अपने ही पिता को कारावास में दाल दिया और पिता के ताज को

अपने पैरों में रखकर अपना राजतिलक करवाया |

कहते है की जहां कीचड़ होता है बही कमल भी खिलता है उसी शुद्रा साम्राज्य में एक बैध्य थे जिनको लोग आयुध के नाम से जानते थे बो इतने कारगर वैद्य थे की उस समय के जितने भी वैद्य थे बो उनसे शिक्षा प्राप्त करना चाहते थे उनके पास हर बीमारी का इलाज हुआ करता था |

परन्तु शुद्रा साम्राज्य के राजा अद्दन को शुद्रा से घृणा थी क्योंकि आयुध बैध्य ने अद्दन के

राज्वैद्य के प्रस्ताव को अस्वीकार कर दिया था उनका मानना था कि यदि बो राज्बैध्य बन जायेंगे तो वो आम लोगों की सेवा से दूर हो जायेंगे और कुछ परिक्षेत्र में ही सिमट के रह जायेंगे | अब अद्दन को तलाश थी एक मौके की जिससे की वो आयुध बैध्य को मरवा सके बिना किसी कारण के यदि बो आयुध बैध्य को मरवाता तो जनता विद्रोह कर देगी क्योंकि जनता ने आज से पहले ऐसा निस्वार्थर्य वैध्य आज तक नहीं देखा था इसीलिए अद्दन एक मौके का इन्तजार कर रहा था ताकि बो आयुध द्वारा ठुकराए गए राज्वैद्य के पद के अपमान का बदला उसकी मौत से ले सके | कुछ समय ब्यतीत हुए राजा अद्दन बहुत ज्यादा बीमार हुआ उसने बड़े से बड़े बैध्य को बुलाया परन्तु कोई उसे ठीक न कर सका परन्तु उसने मना कर दिया था की मैं आयुध से अपनी

चिकित्सा नहीं करवाएगा |

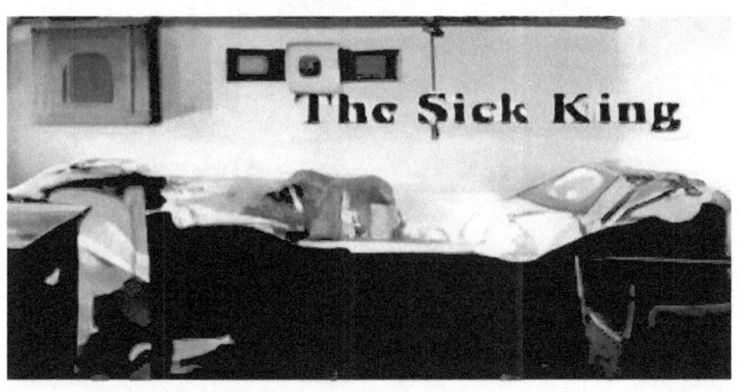

इसी क्रम में उसकी हालत और ज्यादा बिगडती चली गई तब मंत्री मंडल की सलाह पर उसने आयुध को महल में अपने इलाज के लिए बुलाया परन्तु वह इतना स्वाभिमानी राजा था की उसने आयुध बैध्य की दबा लेने से साफ इंकार कर दियाऔर शर्त राखी की यदि तुम मेरा इलाज (आयुध)
बिना दबाई के न कर सके तो मैं तुम्हें जान से मरवा दंगा|

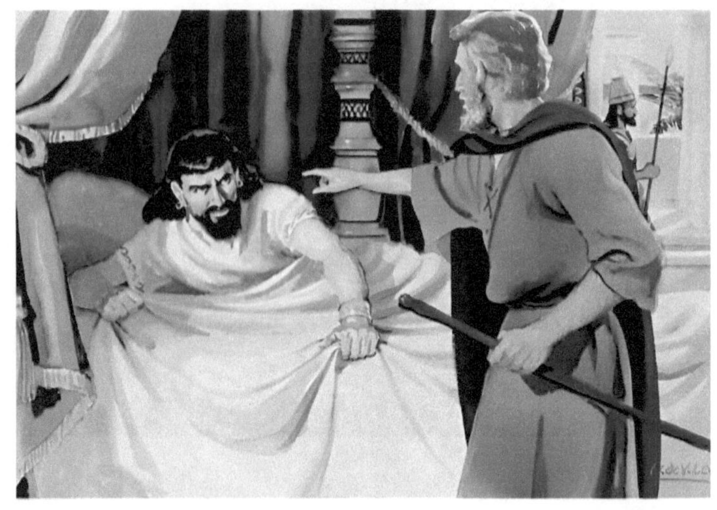

आयुध ने इस पर उत्तर दिया जी महाराज | सभी अचंभित थे की ऐसा कैसे हो सकता है की कोई बैध्य बिना दबा दिए ही इतनी बड़ी व घातक बीमारी का इलाज कर सके ,, इसी पर आयुध से सबको आश्वासन दिया की मैं ये कर सकता हूँ | उसके बाद कुछ समय व्यतीत हुआ और राजा अद्दन बिल्कुल सेहतमंद हो गए परन्तु सभी और खुद राजा अद्दन अचम्भे में थे की ऐसा कैसे हो सकता है की कोई बैध्य बिना दबाई के इलाज कैसे कर सकता है |अगले ही दिन अद्दन ने आयुध बैध्य को राजदरबार में बुलाया और पूछा ये तुमने कैसे किया उस पर भोले भाले आयुध बैध्य ने बिना कोई परिणाम को सोचे बिना बताया की आपको

दवा की बहुत ज्यादा जरूरत थी और आप लेने से मना कर रहे थे इसीलिए आप जो युद्ध रणनीति की किताबें रोजाना पढ़ा करते है उन पर मैंने अपनी दवा का लेप लगा दिया था | और जब आप

बो किताबें पढ़ा करते थे तो हवा के माध्यम से दवा आपके शरीर में चली जाती थी और इस तरह कुछ ही समय में आप बिल्कुल स्वस्थ हो गए | अपने साथ हुई भलाई को भूलकर उल्टा अद्दन राज द्रोह के जुर्म में अद्दन बैध्य को आजीवन कारावास में डाल देता है | सबको बताने के लिए उसके पास एक अच्छा बहाना

मिल गया था कि इसने मेरी आज्ञा का पालन नहीं किया | परन्तु आयुध बैध्य शिर्फ़ एक रात उस कारावास में रहे उसी जेल के रक्षक किसी न किसी तरीके से आयुध बैध्य के कर्ज में थे क्योंकि बो किसी से भी कितनी भी बड़ी बीमारी के इलाज के बिल्कुल भी पैसे नहीं लेते थे इसीलिए उन्हीं रक्षकों की सहायता से अगली ही रात आयुध बैध्य उस जेल से सुरक्षित निकलने में कामयाब रहे जो उनके हित चाहने बाले थे उन्होंने सलाह दी की आपका अब इस राज्य में रुकना खतरे से खाली नहीं होगा इसीलिए लोगो ने उन्हें उसी रात को बगल बाले पुष्पक साम्राज्य में भेज दिया| पुष्पक सामाज्य के राजा अश्वनी कुमार ने उनका जोरदार स्वागत किया और उनके रहने खाने आरोग्यशाला का उचित व्यवस्था करवाई जिस पर आयुध बैध्य एक नए साम्राज्य में बिना किसी समस्या के सुखी प्रसन्न अपना जीवन लोगों की शेवा में–

व्यतीत करने लगे| दरअसल जो आज हम शुद्रा साम्राज्य देख रहे है वो वास्तव में पहले हूड साम्राज्य का एक हिस्सा था| जिसमें अद्दन के पिता एक छोटे से सभापत थे परन्तु राज्य के लालच में उन्होंने लोगों को भड़का के हूड साम्राज्य के खिलाफ बगावत की चिंगारी जला दी और हूड साम्राज्य के एक टुकड़े को एक नए साम्राज्य ,, शुद्रा साम्राज्य की स्थापना की और स्वं उसका राजा बन गए |

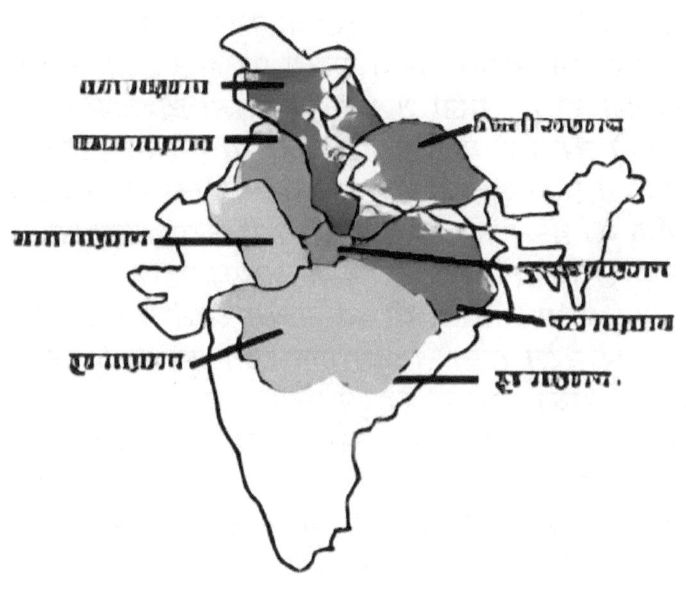

इसी बात का बदला हूड साम्राज्य के राजा शुद्रा साम्राज्य के राजा अद्दन से ले रहा था परन्तु अद्दन इससे बिल्कुल अनजान थे की ये प्राक्रतिक बीमारी नहीं है ये कोई उन पर बार बार विभिन्न माध्यमों से पहुंचा रहा है | राजा अद्दन को लगता था की हूड के राजा उनके बहुत अच्छे मित्र है

परन्तु हूड के राजा का ये सब दिखावा था पीठ पीछे बो अद्दन को मारना चाहते थे परन्तु एक दम से अद्दन

के खिलाफ युद्ध नहीं कर सकते थे क्योंकि अद्दन एक शक्तिशाली राजा था बो सरलता से हूड को हरा देता इसीलिए दोस्ती का दिखावा करके उपहारों के साथ बीमारी का साधन समय समय पर भेज देता था और अद्दन को हूड राजा शशांक पर इतना विश्वास था की उसकी तरफ से कोई पाबंदी नहीं थी हूड साम्राज्य पर अब हूड राजा शशांक को इन्तजार था एक और अच्छे से मौके का इन्तजार था ,, और दूसरी तरफ जहां अद्दन के गुप्तचर पता लगा लेते है की आयुध पड़ोसी साम्राज्य पुष्पक में एक शरणार्थी का जीवन व्यतीत कर रहा है इस पर तुरंत राजा अद्दन एक सभा बुलाता है जिसमें वो हूड राजा शशांक को भी बुलाता है विचार करने के लिएं कि किया क्या जाए उस पर सभी लोग शांति पूर्वक आयुध को पुष्पक

साम्राज्य से लाने की बात कहते है राजा अद्दन भी सहमत हो जाता है क्योंकि अगर एक बार आयुध राज्य में वापस आ गया फिर तो वो उसे कभी भी मरवा सकता है | शुद्रा साम्राज्य का राजदूत पुष्पक साम्राज्य में जाता है और अपने राजा का फरमान सुनाता है वो फरमान बिल्कुल अहंकार भरा होता है जिसमें अद्दन कहता है की आयुध को लौटा दो बरना इसका परिणाम भुगतने को तैयार हो जाओ | इस पर अश्वनी कुमार बड़ी शालीनता से अपना सन्देश भेज देता है की आयुध बैध्य हमारे जहां अतिथि और शरणार्थी दोनों है आप उसे उस काम का दंड देना चाहते है जो बास्तव कोई अपराध है ही नहीं अतः यही आयुध बैध्य स्वं शुद्रा साम्राज्य लौटना चाहते है तो वो लौट सकते है मेरा उन पर कोई जोर दवारा नहीं होगा परन्तु यदि वो अपनी मंजी से नहीं लौटना चाहते है तो हम अपने पुश्तैनी उसूलों के खिलाफ

नहीं जा सकते हम अपने अतिथि को दुश्मन को नहीं सौंप सकते चाहे इसके लिए हमें अपने प्राण ही क्यों न गवाने पड़े | जब ऐसा उत्तर शुद्रा साम्राज्य के राजा अद्दन के पास पंहुचा तो बिना उत्तर दिए ही सभा से चला गया और चिंतन करने लगा | जहां पर दूसरी तरफ हूड साम्राज्य के राजा ने अपनी दुश्मनी निकलने की एक तरकीब सोची उसने सबसे पहले तो राजा अद्दन को अपने महल पर भोज पर आमंत्रण दिया|

जैसे ही राजा अद्दन वहां पहुंचे उसने अपने पुराने हथकंडे से बीमारी खाने के माध्यम से एक बार फिर से राजा अद्दन के शरीर तक पहुंचा दी | कुछ समय वाद राजा अद्दन बीमार हो गए|

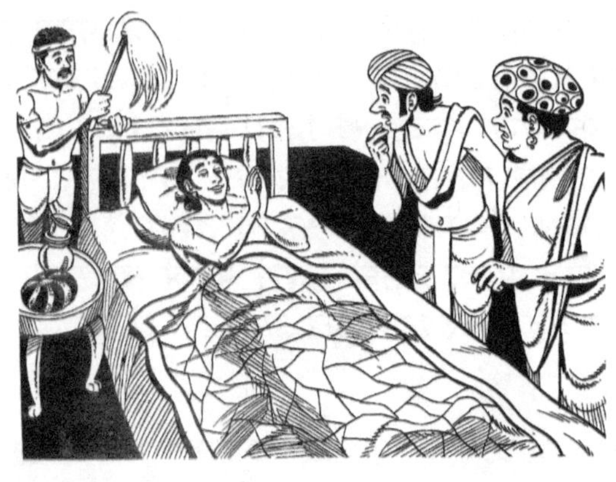

और उन्होंने बिस्तर पर से ही एक सभा का आयोजन किया जिसमें शशांक को भी बुलाया और कहा कोई तो है जो मेरे साथ जानबूझ कर ऐसा षड्यंत्र कर रहा है इस पर शशांक ने तुरंत उठकर उत्तर दिया कि महाराज मैं जानता हूँ बो कौन है जो आपके साथ ऐसा षड्यंत्र कर रहा है इस पर सभी लोग उसका नाम सुनने को उताबले हो गए अद्दन ने कहा जल्दी बताओ मेरे पास ज्यादा समय नहीं है। इस पर शशांक उत्तर देता है जो बीमारी बनाता है उसके पास उसका तोड़ भी मौजूद होता है अगर आप पीछे जाकर ध्यान दे तो आपने बीमारी तो ठीक करने के लिए हर बैद्य को बुलाया परन्तु कोई ठीक न कर सका परन्तु आयुध ने एक ही बार में ठीक कर दिया तो हो न हो आयुध ही आपकी बीमारी का कारण है, अभी ही देख लो जैसे ही आपने पुष्पक साम्राज्य

पर आक्रमण करने की बात कही वैसे ही आप बीमार हो गए ,, क्योंकि आयुध जानता था की आप पुष्पक साम्राज्य को आसानी से हरा सकते है और वह फिर से आपकी जेल में होगा इसीलिए मुझे तो पूरा यकीन है की आयुध ने ही ये बीमारी आप तक पहुंचायी है ,, उसने एक तर्कऔर दिया कि आप आयुध की काबिलियत तो जानते ही है अगर आपको वो किताब के माध्यम से ठीक कर सकता है तो उस पत्र के माध्यम से जो पुष्पक साम्राज्य से आया था आपको बीमार भी कर सकता है इससे उसको दो फायदे है एक तो उसकी सजा माफ हो जाएगी जब आप ही नही रहेंगे तो सजा कैसी और दूसरा आपका राज्य |अब आगे आप समझदार है मैं तो आपका हितैषी था सो आपको अपना मत सुना दिया| शशांक ने अपनी बातों को इस तरह से कड़ी से कड़ी जोड़कर रखा की राजा अद्दन और सभी उसकी बात पर आसनी से सहमत हो गए और आगे क्या करे इस पर कुछ समय के लिए सभा स्थगित की गई जब तक की अद्दन बिल्कुल अच्छी तरह से ठीक न हो जाते | अब इस समय शशांक सोच रहा था कि यदि राजा अद्दन पुष्पक साम्राज्य पर हमला करते है तो उनको एक युद्ध लड़ना पड़ेगा जिससे की उनकी सैन्य शक्ति थोड़ी सी कमजोर होगी उनकी सेना थक जाएगी जिसका बो फायदा उठायेगा और युद्ध के पश्चात शुद्रा साम्राज्य पर हमला करेगा और अपना पुराना साम्राज्य बापस ले लेगा | अब शशांक के लिए जरूरी था कि बो किसी तरह राजा अद्दन की ठीक करवा दे ताकि बो पुष्पक साम्राज्य पर हमला कर सके और इस यद्ध में बो अपना उल्लू सीधा कर सके ,, इसके लिए बो अपना गुप्तचर शुद्रा साम्राज्य के राज बैध्य के घर भेजता है |

और उसको प्रलोभन देता है कि तुमको मेरे बारे में जानने और पूछने की कोई जरूरत नहीं है क्या तुमको एक बड़ा उपहार चाहिए राजा अद्दन की तरफ से इतना बड़ा की तुम जिन्दगी भर आराम से बैठ कर खा सको तो राज्वैद्य थोडा सा प्रलोभन में आ जाता है और पूछता है की क्या करना है तो वह गुप्तचर बताता है की मैं तुम्हें एक औषधि दूंगा जिससे की राजा अद्दन बिल्कुल पहले की तरह बिल्कुल ठीक हो जायेंगे | विश्वास दिलाने के लिए वह गुप्तचर उस दवा को राज्वैद्य के सामने खा कर दिखाते है कि इसमें कोई जहर या अन्य हानिकारक दबा नहीं है अब तो राज्वैद्य को बिल्कुल ही यकीन हो

जाता है की औषधि बिल्कुल ही कारगर है परन्तु वह बहुत प्रयास करता है उस गुप्तचर से की आप कौन है कहाँ से आये है आप मुझे इतना सब कुछ क्यों दिलाना चाहते है परंतु वह गुप्तचर सब कुछ बताने से मना कर देता है और कहता है बस यही समझ लो तुम्हें लिए मैं फ़रिश्ता हूँ और वह गुप्तचर कहता है कि राजा को बताना की ये दवा आपके लिए मैंने स्वं बनायीं है अब तो वैध्य और प्रसन्न हो जाता है परन्तु उसकी आँखों पर सोने ,, इनाम ,, मान सम्मान की चमक चढ़ जाती है जिससे और ऐसा करने से बिल्कुल पीछे नहीं हटता और वह दवा ले लेता है | दवा लेकर राज वैध्य तुरंत राजमहल राजा अद्दन के यहां पहुँचता है और बताता है की महाराज मैंने आपके लिए दिन रात मेहनत करके आपके इलाज के लिए दवा बना ली है इस पर राजा अद्दन बड़ा प्रसन्न होता है और कहता है की अगर आपकी ये दवा सच में कारगर हुई तो में आपको सोने में तौल दूँगा | तुरंत ही राज वैध्य वह दबाई राजा अद्दन को दे देता है धीरे – धीरे राजा अद्दन ठीक

हो जाते है और अपना वादा पूरा करते है और राज वैध्य को सोने ,, उपहारों से तौल देते है | अब बारी थी पुष्पक साम्राज्य और आयुध वैध्य से बदला लेने की |

अपने ठीक हो जाने की खुशी में तुरंत राजा एक भव्य भोज का आयोजन करता है और अपने सभी मित्रों व पड़ोसी सातों साम्राज्य के राजाओं को आमंत्रित करता है सहभोज पर , कोई भी राजा शुद्रा साम्राज्य के राजा अद्दन के आमंत्रण को स्वीकार नहीं कर सकता था क्योंकि वह एक शक्तिशाली राजा था ,, उसके विरुद्ध कोई नहीं जा सकता है |

इसी भोज में पटर साम्राज्य के राजा चरण सिंह भी आमंत्रण है | जहां पर एक और कहानी मोड़ लेती है जब चरण साम्राज्य के राजा चरण सिंह को पता चलता है कि शूद्रा साम्राज्य पुष्पक साम्राज्य पर हमला करने बाला है तो इस अग्नि मे राजा चरण सिंह अपनी रोटियाँ सेकने की सोचता है। जहां पर कहानी थोड़ी सी पीछे जाती है तो भूतकाल मे हम देखते है कि जो आज पुष्पक साम्राज्य है बो एक समय पर पटर साम्राज्य का ही हिस्सा था, जहां पर आज पुष्पक साम्राज्य है वहां पर पहले उस क्षेत्र मे ब्राह्मण समाज की जनसंख्या ज्यादा थी , और आज जो चरण साम्राज्य है उस क्षेत्र में क्षत्रिय समाज के लोग ज्यादा निवास करते थे ,, एक समय जब चरण सिंह को राज्य सिंहासन दिया जा रहा था तो उसने अपने राज्य के सभी ब्राह्मण को भोज पर बुलाया और उनका घोर अपमान किया। उस समय रिवाज था की ब्राह्मण समाज थी बो सबसे उच्च

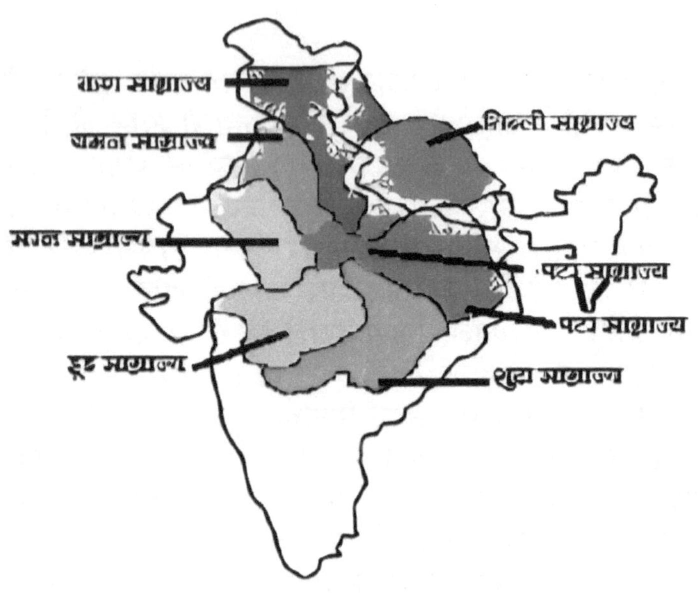

समाज थी और क्षत्रिय समाज उससे निम्न समाज थी परंतु नये राजा चरण सिंह ने अपनी समाज के लोगों को उच्च स्थान दिया बैठने को और ब्राह्मण समाज को नीचा स्थान दिया बैठने को जिससे ब्राह्मण समाज के लोग राजा से नाराज हो गए
और बिना भोजन खाये राजमहल से लौट आये जिस पर राजा चरण सिंह ने अपना घोर अपमान समझा |

और जब सब कुछ कार्य काज संपन्न हुआ तो नये राजा चरण सिंह ने अपने पहले ही बैठक की पहली ही बार मे एक नया कर बना दिया जो शिर्फ़ ब्राह्मण समाज को देना होगा ऐसा फरमान उसने पूरे राज्य मे करवा दिया साथ ही जो क्षत्रिय समाज थी उस पर से एक तिहाई कर को समाप्त कर दिया। जब ऐसा फरमान ब्राह्मण समाज बाहुल्य क्षेत्र (आज की दशा मे पुष्पक साम्राज्य) को पता लगा तो नये राजा की ऐसी अराजकता को देखकर और जाति भेद भाव को देखकर उन्होंने अपनी अलग एक समाज का निर्माण किया और राजा के खिलाफ स्वतन्त्र राज्य का बिगुल बजा दिया बढ़ते हुई अराजकता को देखकर राजा के सलाहकारों ने राजा से कहा की इससे पहले ये जहर पूरे राज्य मे फैले

या तो आप इस फरमान को वापस ले लीजिये अन्यथा बहुत देर हो जाएगी। राजा चरण सिंह ने काफी विचार परामर्श किया और अपने फरमान को वापस ले लिया। परंतु ब्राह्मण समाज ने इसको अपने लिए एक दिखावा समझा क्योंकि उनका विश्वास राजा चरण सिंह पर से पहले ही उठ चुका था क्योंकि वह शिर्फ़ एक जाति विशेष के लिए काम कर रहा था, इसीलिए उन्होंने सोचा अभी हम सारे लोग संगठित है अगर अभी कुछ नही हुआ तो फिर जीवन भर अपमानित होकर जीवन जीना पड़ेगा। इसीलिए उन्होंने अपना अशभयान जारी रखा । धीरे धीरे बहुत सारी प्राजा राजा चरण सिंह के -- --
खिलाफ होती चली जा रही थी, इसको देखते हुए मंत्रीमंडल की सलाह पर राजा चरण सिंह ने ब्राह्मण समाज को अपने राज्य से स्वतन्त्र कर दिया, आज यही स्वतन्त्र साम्राज्य पुष्पक साम्राज्य के नाम से जाना जाता है। इस प्रकार आज के समय के 8 साम्राज्य बने |

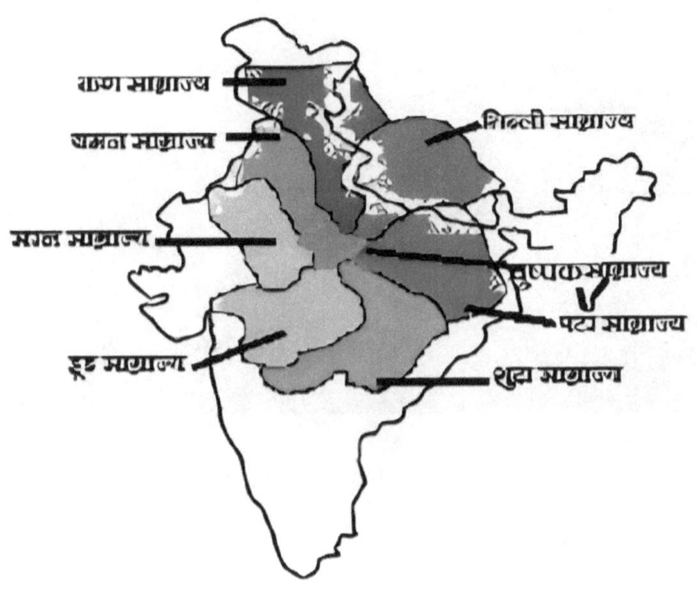

राजा चरण सिंह चाहता तो सीधी -- सीधी लड़ाई में पुष्पक साम्राज्य को हरा सकता था परंतु पुष्पक साम्राज्य की भौगोलिक स्थति के कारण कोई उसपे हमला नहीं करता था क्योंकी उसकी सीमा के चारों तरफ पहाड़ियाँ थी।

जिस पर पुष्पक साम्राज्य के सैनिक तैनात रहते थे जैसे ही कोई दुश्मन सैनिक उनके पास आता था तो वो आसानी से उन्हें मार भगा देते थे, क्योंकि पुष्पक साम्राज्य के सैनिक ऊपर पहाडियों पर छिपे रहते थे और जो हमलावर है उनको खुले मैदान से होते हुए पुष्पक साम्राज्य की सीमा पर पहुँचाना पड़ता था, ऊपर छिपे सैनिकों को नीचे मैदान से आ रहे सैनिकों को देखना बड़ा ही आसानी बाला काम था परंतु नीचे से आ रहे सैनिकों के लिए ऊपर छिपे सैनिकों को देख पाना बड़ा ही कठिन काम था इसीलिए कोई भी पुष्पक साम्राज्य पर हमला करने से पहले 10 बार सोचता था। यह समय चरण सिंह के लिए भी अपनी पुरानी दुश्मनी

का बदला लेने का सही समय था इसीलिए उसने अपना भी उल्लू सीधा करने की कोशिश करता है | जैसा ही राजा अद्दन इस बात का जिक्र करता है मैं पुष्पक साम्राज्य पर हमला करने जा रहे है और पूरी कहानी सुनाता है तो

उसी समय पटर साम्राज्य के राजा अपने स्थान से उठते है और अपनी बात को सबके सामने रखते है ,, वह उसी भौगोलिक स्थति का उदाहरण सबके सामने रखते है की

अकेले पुष्पक साम्राज्य पर हमला करना खतरे से खाली नहीं है अतः राजा चरण सिंह राजा अद्दन से कहते है की अच्छा होगा यदि हम सब लोग एक साथ मिलकर पुष्पक साम्राज्य पर हमला करे परन्तु इसी बात पर तुरंत शशांक अपने स्थान पर से उठते है और कहते है चींटियों को मसलने के लिए केवल एक ही हांथी काफी है ,, ऐसा शशांक इसलिए कहता है क्योंकि उसकी योजना थी की शुद्रा और पुष्पक साम्राज्य के युद्ध के तुरंत बाद बो शुद्रा साम्राज्य पर हमला करेगा और अपना पुराना खोया हुआ साम्राज्य बापस पा लेगा जो उसके पिता जी ने खो दिया था | राजा शशांक ने बहुत कोशिश की वह इस युद्ध में भाग न ले परन्तु तभी शुद्रा साम्राज्य के सेनापति

ने खड़े होकर कहा महाराज हमारी जो सीमा पुष्पक साम्राज्य से लगती है उसके किनारे एक बहुत बड़ी बेतवा नाम की नदी है उसको पार करके युद्ध लड़ना एका बड़ा चुनौती पूर्य काम होगा अतः हमको यमन

साम्राज्य की सीमा से युद्ध प्रारंभ करना चाहिए क्योंकि उसकी सीमा पर पहाड़ियाँ भी कम है और कोई नदी भी अगल बगल नही है | और जैसे ही यमन साम्राज्य पहुँचने के लिए हमें हूड और सरन साम्राज्य से गुजरना होगा इसी गुजरते समय उनकी सेना भी हमारे साथ मिल जाएगी | राजा अद्दन को यह प्रस्ताव बहुत ही पसंद आया और अंतिम रूप से राजा अद्दन ने इसी बात को सभा के सामने मंजूरी दे दी | इसी के साथ न चाहते हुए भी हूड साम्राज्य के राजा शशांक को इस युद्ध में मजबूरन भाग लेना पड़ा | इसी के साथ पांच बड़े बड़े साम्राज्य शुद्रा ,, हूड ,,सरन ,, पटर और यमन एक छोटे से साम्राज्य पुष्पक साम्राज्य पर हलमा करने को तैयार थे | इसी बीच बाकी के बचे दो साम्राज्य कर् और तिब्ली के राजा भी अपने को राजा अद्दन का हितैषी दिखाने के लिए इस युद्ध में शामिल हुए उनको तो पता ही था कि इस युद्ध में एक तरफा जीत उन्हीं की होने बाली है अतः सबने अपने अपने स्वास्थय के लिए इस युद्ध में प्रतिभाग लिया| समय तय किया गया की बरसात गुजरते ही ठीक दो महीने के बाद सभी लोग अपनी अपनी सेनाये तैयार रखे इस खबर को बिल्कुल गुप्त रखा गया ताकि दुश्मन पहले से सचेत न हो सके | जैसे ही समय गुजरा सभी अपनी- अपनी सेनायें लेकर तैयार थे पटर की सेना शुद्रा साम्राज्य पहुची वहां से दोनों साम्राज्य की सेनायें हूड साम्राज्य पहुची उसके आगे तीनो सेनायें सरन साम्राज्य पहुची उसके बाद पांचो सेनायें यमन साम्राज्य पहुची बही दूसरी तरफ तिब्ली की सेना कर् साम्राज्य पहुची और वहां से दोनों सेनायें यमन साम्राज्य पहुंची | अतः सातों साम्राज्यों की सेनायें यमन साम्राज्यों में इकट्ठी थी अब बारी थी

तो बस एक आदेश और युद्ध की | अब राजा अद्दन एक बार फिर अश्वनी कुमार को पत्र भेजता है कि तुहारे द्वारे पर बो

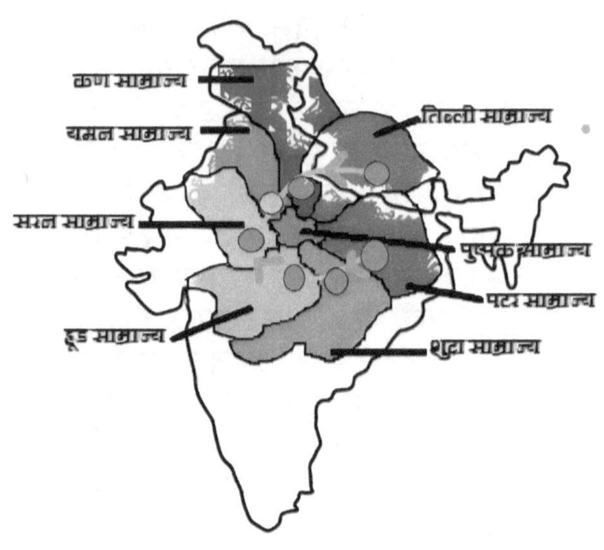

तूफ़ान खड़ा है जिससे तुम जिन्दगी भर में नहीं निपट सकते अतः हमारी अधीनता स्वीकार कर लो और आयुध के साथ मेरे पास घुटनों के बल चलकर आओ तो शायद मैं तुम्हें माफ़ कर दूं और तुम्हें और तुहारी सेना को जीवन दान दे दूं | इस पर राजा अश्वनी कुमार

बिचार करता है तो लोग

कहते है पराधीनता से तो अच्छा है हम अपने देश के लिए लिए लड़ते लड़ते मर जाएँ | हमारे पूर्वज अपने मान सम्मान के लिए पटर साम्राज्य से लड़ गए थे हम उनको क्या मुह दिखायेंगे यही कहेंगे क्या कि हमने प्राणों के भय से पराधीनता स्वीकार कर ली | काफी बिचार सुनने के बाद राजा अश्वनी कुमार ने उत्तर में अद्दन से बड़ी शालीनता से कहा यदि आप चाहते है आपकी बश्ति्बक दुश्मनी पुष्पक साम्राज्य से है तो आप बेशक यहां के निर्दोष लोगों का रक्त बहा सकते है | जैसे ही अद्दन ने ये खत पढ़ा उसका मन थोडा सा पिघलता हुआ दिखा तभी तुरंत राजा चरण सिंह आगे आये और कहने लगे यह उसी साम्राज्य का खत है जिसने आपकी हत्या का षड्यंत्र करने बाले को पनाह दे रखी है आप दूर

रहिये इस ख़त को क्या पता इसमें भी कोई विष हो |

ऐसा सुनकर राजा अद्दन भ्रमित हो जाते है और चेतावनी भेज देते है कि कल हम पुष्पक साम्राज्य पर हमला कर देंगे बच सकते हो तो बच लो और बचा सकते हो तो बचा लो उस सपोले आयुध को | जैसे ही यह समाचार पुष्पक साम्राज्य तक पहुचता है तुरंत सारे लोग और जोरों सोरो से युद्ध की तैयारियों में लग गए समस्या यह थी की पुष्पक साम्राज्य के सेनापति

शेननायक ने आज तक एक भी युद्ध नहीं लड़ा था जबकि वह वीर बहुत था इसमें कोई संदेह नहीं था | बाकी के लोग शेननायक के सेना का संचालन करने पर चिंता दायर करते है तो उस पर शेननायक राजा अश्वनी कुमार से वचन लेता है की आप और पूरा राजशाही पररवार गुप्त रास्ते से अपने ननिहाल चले जाये भेष बदलकर और मैं आपको वचन देता हूँ मैं इस साम्राज्य को कुछ नहीं होने दूँगा मैं अंतिम सांस तक लड़ूंगा और आप को तभी अपना चेहरा दिखाऊँगा जब दुश्मन आपके चरणों में होगा | अब शेननायक अपने गुरु के पास जाते है और युद्धनीति पर सलाह लेते है जिसका बो कल अपने युद्ध में प्रयोग करेगा | जहां पर दूसरी तरफ राजा चरण सिंह सभी से कहता है आओ कल की रणनीति पर बिचार परामर्श कर लेते है इस पर अद्दन घमंड भरा उत्तर

देता है एक तो हम सातों लोग साथ है इतने में तो हम विश्व विजय कर ले और इस छोटे से साम्राज्य के लिए अब हमको रणनीति बनानी पड़ेगी तो धिक्कार है ऐसी बीरता पर – इस पर सारे लोग हंसने लगते है और अद्दन सबको जश्न मनाने का हुक्म दे देता है पूरी रात सभी लोग जश्न में डूबे रहते है | इतने में सुबह हो जाती है | दोनों सेनायें आमने सामने थी पहली सेना पुष्पक साम्राज्य की प्रतिनिधित्व कर रहे थे शेननायक और दूसरी तरफ सातों साम्राज्यों का प्रतिनिधित्व कर रहे थे अद्दन दोनों सेनाओ के देखने पर ऐसा लग रहा था जैसे पहाड़ के सामने एक राई का ढेर रख दिया गया हो अंदाजा लगाइए एक छोटे से साम्राज्य पुष्पक के सामने सात बड़े – बड़े साम्राज्यों की सेनाओं का संगम बड़ा भयावह दृश्य है | एक तरफ है अद्दन जिसके पास है

60000 पैदल सैनिक और 3000 हांथी और 4500 घोड़े और कुशल सेना नेतृत्व बहीं दूसरी तरफ था शेननायक जिसके पास केवल 6500 पैदल सैनिक | परन्तु कहते है की दुश्मन कितना ही बड़ा हो अगर आपके पास रणनीति अच्छी है और सीने में देश भक्ति हो तो कुछ भी किया जा सकता है ,, जैसे एक कुशल नाव चालक एक छोटी सी नाव से पूरे इतनी बड़ी नदी को पार कर जाता है| रात को जब एक तरफ अद्दन अपने साथियों के साथ मदिरा में मस्त था उस समय शेननायक अपने गुरु के पास रणनीति पूछ रहा था कि कल का युद्ध कैसे लड़ा जाए| क्योंकि एक तरफ बो खड़े है जिनको परास्त करना लगभग असंभव है | तब शेननायक के गुरु एक रणनीति बताते है कि इस रणनीति में शेननायक और उसके जैसे साथियों के कई झुण्ड होंगे जिसमें मुख्य योद्धा बीच में होगा और उसके सहायक सैनिक उसके अगल बगल जो मारते हुए दुश्मन सेना में आगे

बड़ते रहेंगे उनकी रणनीति रहेगी की बो आक्रामक नहीं होगे क्योंकि उनके पास सेना कम है इसलिए आक्रमण सामने बाली सेना करेगी और जैसे ही दुश्मन सिपाही पास आयेंगे शेननायक और उनके साथी सिपाही उनको मार देंगे परन्तु इसमें यदि कोई सिपाही बीच में शहीद हो जाता है तो तुरंत पीछे बाले सिपाही उनकी जगह को भर देंगे और जो झुण्ड सामने खड़ा है उनको कमजोर नहीं होने
देंगे | बो लोग एक और तरह से युद्ध करेंगे बो सीधा

अपने सैनिकों को युद्ध में नहीं भेजेगें इसीलिए शेननायक अपने राज्य के किसानों से अनुरोध करता है की आप मुझे अपने राज्य को बचाने के लिए अपने अपने बैलों में से एक एक बैल दे दे| और उन बैलों के सर पर एक फरसा बाँध देता है

इस पर सभी किसान खुशी खुशी अपना एक एक बैल शेननायक को दे देते है| बही अस्त्रालय में शेननायक सबसे कहता है जाओ एक पत्थर
फेकने बाली मशीन और पत्थरों को इखट्ठा करो जब बहुत सारे पत्थर आ जाते है|

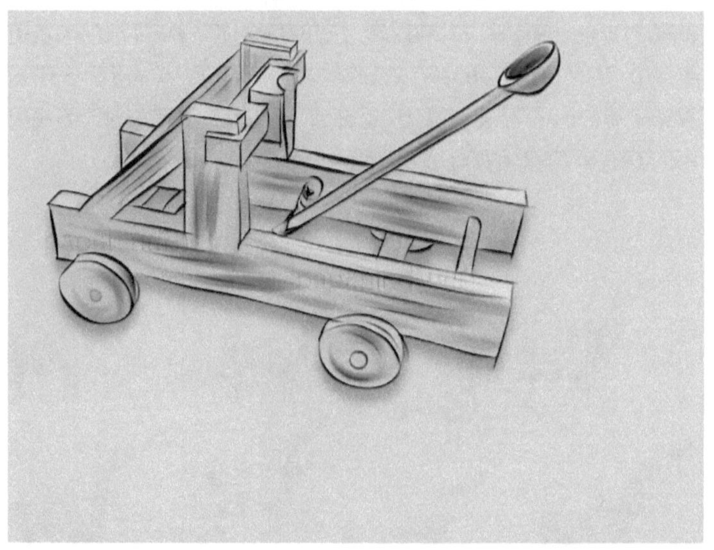

पत्थर फेक बाहनी

तो शेननायक उन पत्थरों के बीच में छेद करवा देता है और उनके बीच बारूद भरवा देता है |

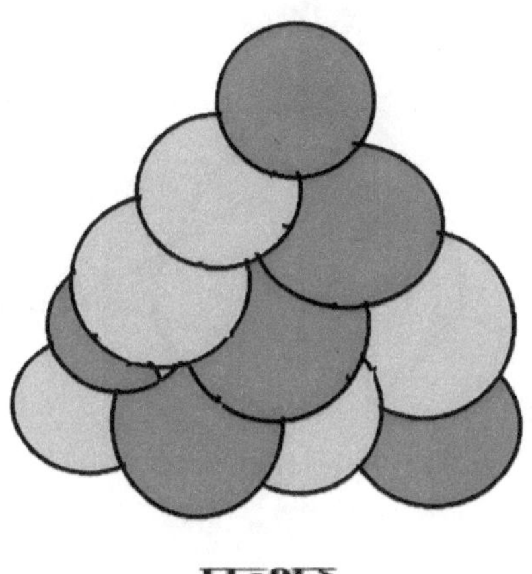

पत्थर

छेद करवाने के लिए छैनी हतौड़ी का प्रयोग किया गया जिससे बीच में एक गड्डा सा बनाकर बीच में बारूद भर दिया गया |उसके बाद इन पत्थरों को सफेद कपड़े से ढक दियागया जिससे की आसमान से जब ये गिरे तो

इनकी स्थिति का सही अंदाजा नहीं लगाया जा सके और उस सफ़ेद कपडे को कैरोसीन में डुबा दिया गया।

रात भर तलवारों भालो की धार तेज करी गई सुबह हुई शेननायक की सेना मैदान की ओर चल दी शेननायक की सेना ऐसे स्थान पर थी जहां थोड़ी सी जमीन ऊंची थी शेननायक ने ऊंची जमीन का चुनाव इसीलिए किया था क्योंकि जब ऊपर से पत्थर नीचे फेकेंगे तो उनका वेग और बढ़ जाये और थोडा सा ही धक्का देकर उनके आसानी से लुड़काया जा सके।

दोनों सेनायें आमने – सामने थी | अद्दन ने नीचे से देखा तो उसे मुट्ठी भर सेना दिखाई दी उसने फिर से कहा आ आओ पुष्पक साम्राज्य स्वागत है मेरे हांथी तुम्हें कुचलने के लिए वेताब हुए जा रहे है , अभी भी बक्त है अधीनता स्वीकार कर लो | मेरी तलवार बैसे भी रक्त की प्यासी है – इस पर शेननायक उत्तर देता है क्या फायेदा हम अपने राज्य से किसी को प्यासा नहीं भेजते ये हमारे संस्कार है आओ आजमा लो अपनी तलवार और बुझा लो अपनी प्यास |

शेननायक का ऐसा रवैया देखकर अद्दन ने हलमा करने का आदेश दे दिया अद्दन की सेना और सभी सातों राज्यों की सेनाओं का नायक कर था पटर साम्राज्य से राजा चरण सिंह ,, बो भी हमला करने का आदेश दे देता है | शेननायक की तो ये चाल थी उसको तो पहले हमला अद्दन की सेना ही करवाना था | अब अद्दन अपने सभी सैनिकों को पीछे हटने के लिए कह देता है और हाथ से इशारा करता है और सभी सैनिक

पीछे हटने के साथ साथ बीच में रास्ता छोड़ देते है |

अद्दन की सेना में सभी अचंभित होते है ऐसा क्या होने बाला जो शेननायक अपनी सेना को पीछे हटने के लिए कह रहा है | तभी अचानक से पीछे से जो शेननायक की चाल रात को लिए सभी किसानो से एक एक बैलों जिनके सींग पर फरसा बंधा हुआ था की फ़ौज निकल पड़ती है| उनको दौड़ाने के लिए शेननायक ने जो फरसे उनके सींगों पर बाँधवाए थे उनको खोखला रखा था जिससे की उनमें हवा भर जाती थी और बो एक शोर की तरह सांडो के कानों में सुनायी देती थी जिससे की सांडो को जहां जगह मिलती थी बो वहां भागते थे|

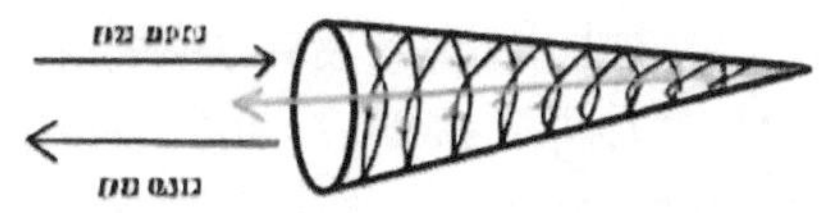

इस प्रकार से हवा जब इन फरसों से होकर बाहर निकलती थी तो एक तीव्र ध्वनि उत्पन्न होती थी जिससे की सांड भयभीत होकर भागने लगते है | जैसे ही शेननायक ने अपना हाथ सामने किया सभी बैलों को आगे जाने के लिए छोड़ दिया गया जैसे ही अद्दन की सैनिकों ने इतने बड़े बड़े सांडो और उनके सर पर लगे फरसों अद्दन के होश उस गए जैसे तैसे अद्दन और उसके साथियों ने अपनी जान बचाई परन्तु अभी बो आने बाली और और चुनौती से बिल्कुल अनजान थे जैसे ही सभी सांड गुजर गए सेनापति चरण सिंह ने सेना को एकत्रित होने का आदेश दिया कुछ ही समय में बचे हुए सेनानी एकत्रित हो गए उसके बाद सेनापति चरण सिंह ने सेना को त्वरित आक्रमण करने का आदेश दिया जिससे की कोई और योजना शेननायक नहीं बना सके परन्तु बो अनजान थे की शेननायक पहले ही सारी तैयारियां कर चुका है |

जैसे ही अद्दन की सेना शेननायक के पास आयी उसी समय शेननायक ने कैरोसीन में डूबे लगे कपड़े से ढके पत्थर जिनके बीच में बारूद भरी हुई थी को मशीन से फिकवाना चालू किया कुछ सैनिक तो उन्हीं पत्थरों से कुचलकर मर गए उसके बाद शेननायक ने अपने तीरंदाजो को आदेश दिया जिन्होंने कैरोसीन में डूबे कपड़े लपेटे थे जिनके उन्होंने आग लगा के बरसाए जिससे जो पत्थर पहले से ही रणभूमि में कैरोसीन से

लगे पत्थर से जा टकराए जिससे उन पत्थरों के चारों लगे कपड़े में आग लग गई और उन पत्थरों के अन्दर रखी बारूद में आग लग गई और पत्थरों में बिस्फोट हो गया पत्थर टुकड़े – टुकड़े में बंट गया और वह टुकड़े जाकर अद्दन की सैनिकों को लगे जिससे बो बुरी तरह से घायल होकर जमीन पर गिर पड़े | इतने समय तक अद्दन की लगभग दो तिहाई सेना मौत के घाट उतर चुकी थी और

शेननायक की सेना तो अभी तक मैदान में उतरी ही न इतना सब देखने के बाद राजा अद्दन ने 10000 सिपाहियों को अपने साथ लिया और एक नयी योजना पर चल दिया| योजना यह थी की शेननायक के पास बहुत कम सैनिक थी क्यों न उनको सामने से उलझाए रखकर उसको चारों तरफ से घेरा जाए इसी योजना के तहत बाकी के बचे 10000 सैनिक सामने से शेननायक पर हमला करने के लिए चल दिए और बाकी के अद्दन के साथ शेननायक को घेरने के लिए चल दिए जिसमें बाएँ तरफ का नेतृत्व कर रहे थे स्वं अद्दन दायें तरफ से पटर राजा चरण सिंह और सामने से युद्ध कर रहे थे हूड साम्राज्य के राजा शशांक |` यह अंतिमदाव है राजा अद्दन का बो इसमें विफल होते है तो यह युद्ध भी वो हार जायेगे यह शेननायक का भी अंतिम मोर्चा था यदि वह यह जीत लेंगे तो ये युद्ध भी जीत लेंगे | देखते है आगे क्या होता है –

धीरे – धीरे छिप – छिप कर अद्दन और चरणसिंह की सेनाये अगल – बगल से आगे बढ़ती जाती है और धीरे – धीरे से शेननायक की सेना को घेरते है इधर जब

तक शशांक शेननायक की सेना को सामने से उलझाये रखता है और धीरे – धीरे अद्दन और चरणसिंह शेननायक को चारों तरफ से घेर लेते है अब प्रारंभ होती है तलबारों की लड़ाई बीच में 4500 सैनिकों के साथ घिरा हुआ शेननायक और उसके चारों तरफ 7 योद्धा जिनके पास अभी भी बची हुई थी 25000 सैनिक | इस तलवारों के युद्ध में शेननायक ने देखने योग्य प्रदर्शन किया परन्तु एक समय ऐसा आया की सातों राजाओं ने उसे घेर लिया इसके बाद एक के बाद उस पर बार करने लगे लेकिन अभी भी वह कहता रहा जब तक में जिन्दा हूँ तुम लोग मेरे साम्राज्य को नहीं हथिया सकते एक साथ सातों राजाओ से युद्ध करते हुए उसने तीन साम्राज्यों के राजाओं पटर ,, तिब्ली और कर् साम्राज्य के

राजाओं को अपनी तलवार का शिकार बनाया | आज तक ऐसा योद्धा और इस तरह के शस्त्रों और ऐसी रणनीति का प्रयोग आज तक अद्दन ने आज तक किसी युद्ध में होते हुए नहीं देखा था इसीलिए वो शेननायक से बहुत प्रभावित हुआ और बचे हुए लोगो को शेननायक पर हमला करने से रोक दिया| परन्तु इस समय तक शेर शेननायक जमीन पर गिर पड़ा था लेकिन फिर भी बो अपने दोनों हाथों से तलवार चला रहा था और इतने में अद्दन ने युद्ध समाप्ति की घोषणा कर दी सब अचंभित थे | राजा अद्दन का स्वभाव बहुत बदल सा गया था मानो उसने आज ईश्वर का ज्ञान सा कर लिया हो | अब राजा अद्दन सभी को बापस चलने का आदेश देता है परन्तु सम्मान के साथ बो खुद अपने प्रमुख कबीले के साथ शेननायक को भी अपने महल में ले जाता है | इसके साथ ही अद्दन

शेननायक का उपचार कराता है और उसके
स्वस्थ-सामान्य होने का इन्तजार करते है जैसे ही
शेननायक होश में आता है तुरंत अपनी तलवार खोजने
लगता है ,, अद्दन उसकी वीरता से इतना प्रभावित
होता है कि जब तक शेननायक होश में नहीं आता है
वह अपने अन्य सभी कार्य जैसे दरवार ,, भ्रमर ,, आदि
को त्याग कर उसी के कक्ष में बैठा रहता है | जैसे ही
शेननायक को होश आता है वो तुरंत तलवार खोजने
लगता है इस पर अद्दन उससे कहता है , बस मेरे शेर
बहुत हुआ युद्ध अब और नहीं अब तुम पुष्पक साम्राज्य
के राजा हो हम तुहे पुष्पक साम्राज्य के राजा अभी
घोषित करते है और आज से तुम इस शुद्रा साम्राज्य
के सवोच्च सेनापति भी हुए | परन्तु शेननायक इस
पर उत्तर देता है नहीं महाराज मैं पुष्पक साम्राज्य का
राजा नहीं बन सकता और न ही आपका सेनापति यदि
आप मुझे कुछ देना ही चाहते है तो आप मेरे महाराज
को उनका सम्मान लौटा दे उन्हें उनका राज्य दोबारा
लौटा दें क्योकिं मैं उन्हें बचन देकर आया हूँ ,, मैं अपने
महाराज का एक छोटा सा सेवक हूँ और बही रहना
चाहता हूँ पर आपको जब भी जरूरत पड़ेगी आपके
पीछे पुष्पक साम्राज्य और आपका ये सेवक हमेशा खड़ा
रहेगा ,, इस पर अद्दन प्रसन्न होकर शेननायक की
बात मान लेता है | और अश्वनी कुमार को उनका
पुष्पक साम्राज्य बापस कर देता है और सम्मान सहित
शेननायक को उनके साम्राज्य में भेज देता है | आप
अद्दन के बदले स्वभाव का अंदाजा इसी बात से लगा
सकते है की शिर्फ़ एक प्रस्ताव ठुकराने की बजह से
इतना बड़ा युद्ध हुआ जो की आयुध ने ठुकराया था
और फिर बही कार्य किया शेननायक ने उसने अद्दन

का दिया हुआ सेनापति का पद ठुकरा दिया और फिर भी अद्दन ने कुछ नहीं कहा और उनका साम्राज्य उन्हें लौटा दिया|

परन्तु अभी भी कई सारे उत्तर अभी तक हम लोगों को नहीं मिले है जैसे कण , तिब्ली और पटर साम्राज्य जिनके राजा युद्ध में मारे गए थे उन साम्राज्यों का क्या हुआ और सबसे बड़ा प्रश्न हड साम्राज्य और वहां के राजा शशांक का क्या हुआ और क्या बो अभी भी अद्दन को मारना चाहते है और उनकी अगली चाल क्या होगी?

सबसे महत्वपूर्ण प्रश्न जिसके लिए ये युद्ध हुआ बैध्य उनका क्या हुआ जारी रहेगा अगले भाग में ...